COLLECTION CUISINE CONVIVIALE

Pommes de terre
recettes gourmandes

Recettes et photos : Annabel Padilla
http://annabel.canalblog.com
Photos de Sylvie Aït-Ali pages 12, 14, 18, 24, 40 et 58

EDITIONS ESI

60, rue Vitruve, 75020 Paris

Imprimé en France par POLLINA – 85400 Luçon - n° L48108
© Éditions ESI - Dépôt légal : janvier 2009 - Achevé d'imprimer : décembre 2008 - ISBN 13 : 978-2-35355-142-2 - N°Sofedis : S404009

sommaire

Bouchées de pommes de terre chèvre champignons

Préparation : 20 minutes • Cuisson : 20 minutes • Difficulté : ★ Budget : ★

Pour 4 personnes

- **5 pommes de terre de taille moyenne**
- **12 tranches fines de poitrine fumée**
- **12 tranches de bûche de chèvre**
- **5 champignons de Paris**

Épluchez les pommes de terre et coupez une trentaine de tranches d'environ 8 mm d'épaisseur et de taille similaire. Faites bouillir de l'eau salée, plongez les tranches de pomme de terre, baissez légèrement le feu et laissez cuire 10 à 12 minutes.

Préchauffez votre four à 180 °C (th. 6).

Égouttez les pommes de terre et formez des sandwichs en mettant le chèvre et une lamelle de champignon émincé entre deux morceaux de pomme de terre. Entourez d'une tranche de poitrine fumée et enfournez pour une dizaine de minutes, jusqu'à ce que les bouchées soient dorées.

Savourez ces bouchées chaudes, en entrée ou à l'apéritif.

Conseil : la cuisson des pommes de terre doit être douce pour ne pas casser les tranches. Elles doivent être juste cuites. N'hésitez pas à les réchauffer au dernier moment à four chaud, préchauffé à 200 °C (th. 6-7).

Brioche à la pomme de terre

Préparation : 20 minutes • Repos : 4 heures • Cuisson : 30 minutes • Difficulté : ★★ Budget : ★

Pour 4 personnes

- **300 g de purée de pommes de terre**
- **300 g de farine**
- **1 œuf + 1 jaune d'œuf**
- **50 g de beurre**
- **115 g de sucre**
- **10 cl de lait tiède**
- **10 g de levure de boulanger fraîche**
- **1 sachet de sucre vanillé**
- **Sel**
- **Pépites de chocolat**
- **Sucre en grains**

Dans un saladier, tamisez la farine, ajoutez la purée de pommes de terre, le sel, le sucre vanillé et le sucre. Creusez une fontaine. Placez-y l'œuf, la levure boulangère fraîche préalablement délayée avec 1 cuil. à soupe de lait tiède, le beurre et le lait qui reste.

Mélangez bien tous les ingrédients puis pétrissez la pâte à la main jusqu'à ce qu'elle soit lisse, pendant au moins 10 minutes. La pâte doit être assez molle et collante. Couvrez-la avec un torchon et laissez-la gonfler 3 heures à l'abri des courants d'air.

Lorsqu'elle a doublé de volume, ajoutez les pépites de chocolat et pétrissez à nouveau pendant 3 minutes.

Humidifiez vos mains avec de l'eau et confectionnez des boudins de même épaisseur. Rangez-les côte à côte dans un moule à cake bien beurré. Laissez gonfler pendant 1 heure.

Préchauffez le four à 180 °C (th. 6).

À l'aide d'un pinceau, badigeonnez les brioches avec le jaune d'œuf battu. Saupoudrez de sucre en grains. Mettez au four et faites cuire pendant 30 minutes. Laissez refroidir sur une grille avant de déguster.

Conseil : la pomme de terre apporte à cette brioche une légèreté et un moelleux incomparables. Les pépites de chocolat peuvent être remplacées par des écorces d'orange confite coupées en dés.

Confiture de pommes de terre vanillée

Préparation : 20 minutes • Cuisson : 40 minutes • Difficulté : ★ Budget : ★

Pour 4 pots de confiture

- **700 g de pommes de terre**
- **500 g de sucre semoule**
- **2 gousses de vanille**
- **2 sachets de sucre vanillé**
- **1 cuil. à soupe de rhum ambré**

Pelez les pommes de terre et faites-les cuire à l'eau. Égouttez-les en réservant 4 verres d'eau de cuisson. Réduisez-les en purée à l'aide d'un presse-purée ou tout simplement d'une fourchette.

Dans une grande casserole, faites un sirop avec les verres d'eau de cuisson réservés et les sucres. Faites cuire pendant 10 minutes environ.

Ajoutez les gousses de vanille en ayant pris soin de les fendre préalablement dans le sens de la longueur avec la pointe d'un couteau pour en extraire les graines.

Versez la purée de pommes de terre. Faites cuire sur feu doux en remuant avec un fouet pendant environ 20 minutes jusqu'à ce que la confiture devienne translucide. Si la confiture n'est pas assez liquide, n'hésitez pas à ajouter de l'eau en cours de cuisson.

Hors du feu, ajoutez le rhum ambré.

Remplissez les pots que vous aurez pris soin de stériliser au préalable. Couvrez et retournez. Laissez refroidir avant d'entreposer au réfrigérateur.

Conseil : cette confiture se conserve 3 mois au maximum au réfrigérateur et accompagne yaourts, fromages blancs et autres laitages.

Curry de pommes de terre aux épinards

Préparation : 20 minutes • Cuisson : 20 minutes • Difficulté : ★ Budget : ★

Pour 4 personnes

- **400 g de pommes de terre**
- **500 g d'épinards frais**
- **2 cuil. à soupe d'huile**
- **1 cuil. à café de curcuma**
- **1 cuil. à café de curry**
- **1 cuil. à café de graines de cumin**
- **½ cuil. à café de piment en poudre**
- **Sel**

Ôtez les tiges des épinards et coupez les feuilles en morceaux. Lavez-les scrupuleusement. Égouttez-les dans une passoire.

Lavez les pommes de terre sans les éplucher. Coupez-les en gros cubes.

Faites chauffer l'huile dans une cocotte. Ajoutez les épices en les faisant rissoler 30 secondes. Incorporez les pommes de terre et les épinards. Mélangez afin d'imprégner les légumes du mélange épicé.

Couvrez la casserole et laissez mijoter 20 minutes environ sur feu doux. S'il reste du liquide, poursuivez la cuisson à découvert quelques minutes en augmentant le feu.

Conseil : vous pouvez ajouter 20 cl de lait de coco 10 minutes avant la fin de la cuisson.

Dos de cabillaud en écailles de pomme de terre

Préparation : 10 minutes • Cuisson : 35 minutes • Difficulté : ★★ Budget : ★★

Pour 4 personnes

- **4 dos de cabillaud**
- **4 pommes de terre**
- **1 cuil. à café d'origan séché**
- **Tapenade noire**
- **3 cuil. à soupe d'huile d'olive**
- **1 barquette de tomates cerise**
- **2 gousses d'ail**
- **Basilic**
- **Fleur de sel**
- **Sel et poivre**

Préchauffez votre four à 210 °C (th. 7).

Pelez les pommes de terre. Lavez-les et coupez-les en fines tranches. Mettez-les dans un saladier et imprégnez-les de 1 cuil. à soupe d'huile d'olive, en les malaxant délicatement avec les mains.

Composez avec les tranches de pomme de terre, quatre rectangles, de la taille approximative des dos de cabillaud, en les faisant se chevaucher. Saupoudrez de fleur de sel. Glissez au four, laissez dorer 6 minutes environ et sortez la plaque.

Pendant ce temps, lavez les tomates cerise et faites-les poêler 15 minutes sur feu doux, dans 1 cuil. à soupe d'huile d'olive avec l'ail pilé. Elles sont cuites lorsque leur peau commence à se fendiller. Ajoutez au terme de la cuisson, le basilic ciselé. Salez et poivrez. Réservez.

Déposez les dos de cabillaud dans un plat à four. Enduisez-les de 1 cuil. à soupe d'huile d'olive. Salez, poivrez. Saupoudrez d'origan. Enfournez pour 10 minutes.

Au terme de la cuisson, sortez le plat du four. Tartinez la surface de chaque dos de cabillaud de tapenade et couvrez des rectangles d'écailles de pomme de terre que vous aurez délicatement soulevées de la plaque avec une spatule.

Réchauffez environ 5 minutes supplémentaires en surveillant la cuisson. Servez immédiatement à la sortie du four. Présentez dans chaque assiette un dos de cabillaud, entouré de tomates cerise poêlées.

Conseil : surveillez bien la cuisson des écailles de pomme de terre. Les tranches fines dorent vite.

Double crique à la raclette

Préparation : 15 minutes • Cuisson : 40 minutes • Difficulté : ★ Budget : ★

Pour 4 personnes

- **800 g de pommes de terre**
- **6 tranches de raclette**
- **25 g de beurre demi-sel**
- **Sel et poivre**

Pelez les pommes de terre, lavez-les et râpez-les dans un robot muni d'une râpe à gros trous. Pressez les pommes de terre entre vos mains pour en extraire l'eau. Salez et poivrez, mélangez.

Faites fondre le beurre dans la poêle et étalez la moitié des pommes de terre râpées en les écrasant avec une spatule souple. Posez par-dessus les tranches de raclette et couvrez du reste de pommes de terre. Lissez la surface à la spatule. Couvrez d'un couvercle perforé et laissez cuire 20 minutes, à feu doux.

Retournez ensuite la galette à l'aide de la spatule souple et laissez cuire 20 minutes de l'autre côté.

Lorsque la crique est prête, glissez-la sur une grande assiette. Accompagnez d'une salade verte.

Conseil : vous pouvez aussi ajouter entre les deux criques une tranche de jambon cuit ou, pour une version plus simple, réaliser une galette unique sans rien intercaler au centre.

Espuma de pommes de terre au caviar de boudin noir

Préparation : 10 minutes • Cuisson : 30 minutes • Difficulté : ★ Budget : ★

Pour 4 personnes

- **300 g de pommes de terre**
- **20 cl de crème liquide**
- **10 cl de lait**
- **50 g de beurre**
- **1 boudin noir**
- **Sel et poivre**

Lavez et pelez les pommes de terre. Coupez-les en gros morceaux et faites-les cuire dans une casserole d'eau salée pendant 25 minutes environ.

Écrasez-les au presse-purée. Ajoutez la crème liquide, le lait et le beurre fondu. Salez et poivrez. Mélangez et filtrez à travers un tamis fin en tassant la purée avec une cuillère. Versez dans le siphon la purée de pommes de terre. Fermez. Insérez une cartouche de gaz.

Enlevez la peau du boudin. Écrasez-le avec une fourchette. Faites chauffer une noix de beurre dans une poêle. Ajoutez le boudin et faites-le cuire pendant 2 minutes.

Répartissez dans des verres une couche de boudin. Secouez le siphon et répartissez l'espuma tiède sur la couche de caviar de boudin.

Conseil : ne faites pas trop cuire le boudin. Il doit rester rouge foncé, sans virer au noir.

Galettes parmentières au thon

Préparation : 25 minutes • Cuisson : 1 heure • Difficulté : ★★ Budget : ★

Pour 6 personnes

- 200 g de thon au naturel en boîte
- 4 grosses pommes de terre
- 1 bouquet de persil
- 2 œufs
- 10 cl de lait
- 4 cuil. à soupe d'huile
- 20 g de beurre
- 4 cuil. à soupe de chapelure
- 1 cuil. à soupe de Maïzena
- Sel et poivre

Pelez les pommes de terre. Coupez-les en morceaux et faites-les cuire dans une grande casserole d'eau bouillante durant 15 minutes, jusqu'à ce qu'elles soient bien tendres. Égouttez, écrasez grossièrement à la fourchette en incorporant peu à peu le lait et le beurre.

Égouttez le thon et émiettez-le dans la purée. Ajoutez les œufs, le persil haché, 2 cuil. à soupe de chapelure et assaisonnez de sel et de poivre. Mélangez longuement pour obtenir une farce homogène. Façonnez quatre boules égales et aplatissez-les pour leur donner une forme de galet.

Faites chauffer l'huile dans une poêle. Dans une assiette, mélangez le reste de chapelure et la Maïzena. Enduisez chaque face des galettes de ce mélange, puis faites-les cuire dans la poêle, environ 4 minutes sur chaque face, jusqu'à ce qu'elles soient bien dorées. Servez aussitôt.

Remarque : la Maïzena dans la panure donne à ces galettes un croustillant délicieux.

Gaufres de pommes de terre au saumon fumé

Préparation : 20 minutes • Cuisson : 20 minutes • Difficulté : ★ Budget : ★

Pour 4 personnes

- **400 g de pommes de terre**
- **4 tranches de saumon fumé**
- **4,5 cuil. à soupe de crème fraîche épaisse**
- **3 œufs**
- **2 cuil. à soupe de persil haché**
- **2 cuil. à soupe de ciboulette ciselée**
- **1 pincée de noix de muscade**
- **Sel et poivre**

Pour la crème au citron

- **6 cuil. à soupe de crème fraîche épaisse**
- **½ citron**
- **Quelques brins de ciboulette**
- **Sel et poivre**

Préparez la crème au citron : dans un bol, mettez la crème épaisse, versez le jus de citron. Salez et poivrez, puis mélangez à l'aide d'un fouet. Ajoutez la ciboulette ciselée. Réservez au réfrigérateur.

Pelez les pommes de terre, râpez-les et pressez-les entre vos mains. Dans une jatte, mélangez-les avec les œufs préalablement battus, la crème fraîche, le persil et la noix de muscade. Salez et poivrez. Réservez au réfrigérateur.

Au moment de servir, faites chauffer l'appareil à gaufres. Déposez quelques cuil. à soupe de pâte, refermez l'appareil et laissez cuire 10 minutes environ, jusqu'à ce que les gaufres soient bien dorées. Renouvelez l'opération jusqu'à épuisement des ingrédients.

Déposez une tranche de saumon sur chaque gaufre et accompagnez de crème citronnée, parsemée de ciboulette ciselée.

Conseil : ces gaufres peuvent se préparer à l'avance. Au moment de servir, réchauffez-les quelques minutes dans le gaufrier.

Gnocchis aux pommes de terre

Préparation : 10 minutes • Cuisson : 25 minutes • Difficulté : ★ Budget : ★

Pour 4 personnes

- **700 g de pommes de terre**
- **300 g de farine**
- **2 œufs battus**
- **Sel et poivre**

Épluchez les pommes de terre, coupez-les grossièrement en morceaux et faites-les cuire dans de l'eau salée pendant 20 minutes environ. Égouttez-les et écrasez-les à la fourchette.

Dans un grand saladier, mélangez la purée de pommes de terre, la farine et les œufs battus. Salez et poivrez. Pétrissez jusqu'à obtenir une pâte homogène.

Divisez la pâte en quatre morceaux. Formez quatre rouleaux longs et fins. Farinez-les et coupez-les en tronçons de 1 cm. Donnez-leur une forme de gnocchis en les écrasant à la fourchette pour déposer une empreinte.

Portez une grande casserole d'eau salée à ébullition. Jetez-y les gnocchis. Ils sont cuits lorsqu'ils remontent à la surface. Égouttez et dégustez avec un filet d'huile d'olive et du parmesan ou avec une sauce de votre choix.

Conseil : vous pouvez ajouter de la farine selon la consistance de la pâte. Entre chaque façonnage, trempez la fourchette dans un bol d'eau fraîche pour qu'elle ne colle pas.

Gratin dauphinois

Préparation : 30 minutes • Cuisson : 1 h 20 • Difficulté : ★ Budget : ★

Pour 6 personnes

- **1 kg de pommes de terre**
- **40 cl de crème liquide**
- **25 cl de lait**
- **2 gousses d'ail**
- **1 cuil. à café de muscade râpée**
- **25 g de beurre**
- **Sel et poivre**

Préchauffez le four à 210 °C (th. 7).

Dans un saladier, mélangez la crème fraîche, le lait et la noix de muscade râpée. Salez et poivrez.

Épluchez et coupez les pommes de terre en fines rondelles.

Pilez l'ail et déposez-le au fond d'un grand plat à gratin. Surmontez d'une couche de pommes de terre. Salez et poivrez. Nappez d'un peu de mélange à base de crème fraîche. Déposez une autre couche de pommes de terre et ainsi de suite jusqu'à épuisement des ingrédients. Terminez en versant le reste du mélange de crème. Éparpillez, à la surface du gratin, le beurre coupé en petits morceaux.

Enfournez pendant 20 minutes à 210 °C (th. 7) puis baissez la cuisson à 180 °C (th. 6) durant l'heure qui suit. À mi-cuisson, aplatissez à l'aide d'une fourchette la surface du gratin afin qu'il s'imprègne du liquide.

Pour que le gratin soit bien fondant, les pommes de terre doivent être suffisamment immergées dans la crème. Si cela ne vous semble pas être le cas, ajoutez au besoin un peu de lait avant d'enfourner. Le gratin est cuit lorsque le liquide est totalement absorbé. Vérifiez en fin de cuisson, à l'aide de la pointe d'un couteau, si les pommes de terre sont assez cuites et adaptez la durée de la cuisson en fonction.

Miniburgers parmentiers

Préparation : 20 minutes • Cuisson : 40 minutes • Repos : 30 minutes • Difficulté : ★ Budget : ★

Pour 4 personnes

Pour les galets de pommes de terre

- **600 g de pommes de terre**
- **20 g d'oignons rouges**
- **1 œuf**
- **3 cuil. à soupe de farine**
- **3 cuil. à soupe d'huile d'olive**
- **Sel et poivre**

Pour la garniture

- **Tranches d'emmenthal**
- **Tomates allongées**
- **Salade verte**

Épluchez les pommes de terre, coupez-les grossièrement en morceaux et faites-les cuire dans de l'eau salée pendant 20 minutes environ. Égouttez-les et écrasez-les à la fourchette.

Épluchez et hachez finement les oignons rouges.

Dans un saladier, mélangez la purée de pommes de terre avec le hachis d'oignons et l'œuf battu. Salez et poivrez. Couvrez d'un film étirable et réservez au réfrigérateur durant 30 minutes au minimum.

Lavez et coupez les tomates en tranches. Coupez des petites feuilles de salade.

Retirez la préparation aux pommes de terre du réfrigérateur. Réalisez des boulettes à la main et aplatissez-les légèrement pour réaliser des galets de 1 cm d'épaisseur environ. Farinez leurs deux faces et faites cuire dans la poêle 4 minutes de chaque côté, dans l'huile d'olive chaude. Déposez sur du papier absorbant.

Montez les burgers : disposez sur chaque galet de pommes de terre, une rondelle de tomate, une tranche d'emmenthal. Surmontez d'une feuille de salade et recouvrez d'un galet de pommes de terre.

Conseil : libre à vous d'ajouter du jambon, de la mozzarella ou même de la viande hachée et des cornichons coupés en fines lamelles pour une version plus américaine.

Mises en bouche terre et mer

Préparation : 20 minutes • Cuisson : 15 minutes • Repos : 1 heure • Difficulté : ★ Budget : ★

Pour 6 personnes

- **12 petites pommes de terre (type ratte) de taille équivalente**
- **250 g de sardines à l'huile d'olive en boîte**
- **50 g de fromage frais**
- **2 oignons nouveaux**
- **2 cuil. à soupe de vinaigre de cidre**
- **1 pincée de piment d'Espelette**
- **Bouquet de ciboulette**
- **1 citron**
- **Sel et poivre**

Plongez les pommes de terre dans une casserole d'eau froide salée. Portez à ébullition et faites cuire 10 à 15 minutes. Égouttez et laissez refroidir. Creusez légèrement l'un des côtés à l'aide d'une petite cuillère et réservez la chair de pomme de terre.

Préparez ensuite les rillettes de sardines : dans un saladier, écrasez grossièrement avec une fourchette la chair de pomme de terre réservée et les sardines avec 2 cuil. à soupe d'huile de la boîte. Ajoutez le fromage frais, les oignons finement émincés, ¾ de la ciboulette ciselée, le vinaigre et le piment d'Espelette. Salez et poivrez. Mélangez intimement et laissez reposer au réfrigérateur pendant 1 heure environ.

Déposez les pommes de terre sur un plat de service. Garnissez-les de rillettes et décorez de ciboulette et d'un morceau d'une fine tranche de citron.

Conseil : les rillettes peuvent aussi être réalisées avec du thon.

Muffins pommes de terre amandes

Préparation : 15 minutes • Cuisson : 45 minutes • Difficulté : ★ Budget : ★

Pour 4 personnes

- **350 g de pommes de terre**
- **100 g d'amandes en poudre**
- **1 cuil. à soupe de Maïzena**
- **1 cuil. à café de levure**
- **200 g de sucre**
- **2 œufs + 2 jaunes d'œufs**
- **1 cuil. à café de rhum**
- **Amandes effilées**

Préchauffez le four à 180 °C (th. 6).

Beurrez des moules à muffin individuels.

Épluchez les pommes de terre. Coupez-les en morceaux et faites-les cuire 20 minutes dans de l'eau salée. Égouttez-les et réduisez-les en purée avec un presse-purée.

Dans un saladier, mélangez les œufs, le sucre, les amandes en poudre, la Maïzena, la levure, la purée de pommes de terre et le rhum.

Versez la préparation dans les moules et éparpillez à la surface des muffins les amandes effilées. Enfournez pour 35 minutes environ.

Conseil : vous pouvez ajouter à la préparation quelques dés de pomme ou des raisins secs.

Pancakes de pommes de terre aux myrtilles

Préparation : 15 minutes • Cuisson : 15 minutes • Difficulté : ★ Budget : ★

Pour 4 personnes

- **180 g de purée de pommes de terre**
- **180 g de farine**
- **25 cl de lait**
- **50 g de sucre en poudre**
- **1 sachet de sucre vanillé**
- **½ sachet de levure**
- **2 œufs**
- **1 cuil. à café de beurre fondu**
- **Extrait de vanille**
- **100 g de myrtilles**
- **Sel**

Séparez les blancs des jaunes d'œufs. Dans un saladier, mélangez les jaunes avec les sucres.

Ajoutez la purée de pommes de terre, le beurre fondu, quelques gouttes d'extrait de vanille, le lait, la farine tamisée et la levure.

Montez les blancs d'œufs en neige bien ferme avec une pincée de sel et incorporez-les délicatement au mélange de pommes de terre. Ajoutez les myrtilles et mélangez délicatement.

Faites fondre une noisette de beurre dans une poêle et versez 1 cuil. à soupe de pâte pour chaque pancake. Dès que des petits trous apparaissent à la surface, retournez les crêpes et faites cuire encore 40 secondes. Continuez jusqu'à épuisement de la pâte.

Servez chaud, saupoudrez de sucre glace ou de sirop d'érable.

Conseil : vous pouvez réaliser la pâte la veille en la laissant reposer toute la nuit au réfrigérateur. Vous prendrez soin d'ajouter les myrtilles au dernier moment, le lendemain matin. Si vous utilisez des myrtilles surgelées, intégrez-les à la pâte telles quelles, sans les décongeler.

Parmentier bicolore au confit de canard

Préparation : 20 minutes • Cuisson : 40 minutes • Difficulté : ★ Budget : ★★

Pour 6 personnes

- **4 cuisses de canard confites**
- **850 g de pommes de terre**
- **4 carottes**
- **10 cl de crème liquide**
- **10 cl de lait**
- **25 g de beurre**
- **Cumin en poudre**
- **Baies roses**
- **Sel et poivre**

Épluchez et lavez les pommes de terre ainsi que les carottes avant de les tailler en morceaux. Faites-les cuire, dans deux casseroles distinctes avec de l'eau bouillante salée, pendant environ 25 minutes.

Égouttez les légumes et écrasez-les séparément, dans deux récipients différents, à l'aide d'un presse-purée. Ajoutez la crème, le lait et le beurre dans la purée de pommes de terre. Salez et poivrez.

Faites réduire, sur feu doux, la purée de carottes afin que l'eau s'évapore. Prélevez 200 g de purée de pommes de terre pour la mélanger avec la purée de carottes. Ajoutez une pincée de cumin. Salez et poivrez.

Passez les cuisses de canard confites à la poêle pour faire fondre la graisse. Ôtez la peau et le gras. Émiettez la viande. Réservez.

Beurrez un plat à gratin, des ramequins ou des cercles individuels. Alternez les couches de purée de carottes, de viande et de purée de pommes de terre.

Enfournez à 180 °C (th. 6) pour 20 minutes. Décorez de baies roses.

Conseil : pour une version encore plus rapide, mais tout aussi délicieuse, vous pouvez vous contenter de faire uniquement la purée de pommes de terre en réalisant juste deux couches.

Patates au four, sauce aux herbes

Préparation : 20 minutes • Cuisson : 55 minutes • Difficulté : ★ Budget : ★

Pour 4 personnes

- **8 pommes de terre moyennes**
- **400 g de fromage blanc**
- **1 bouquet de ciboulette**
- **Quelques tiges de persil**
- **1 échalote**
- **1 gousse d'ail**
- **2 cuil. à soupe d'huile d'olive**
- **Sel et poivre**

Lavez les pommes de terre, puis enveloppez-les dans du papier d'aluminium. Faites-les cuire 55 minutes sur une plaque, dans le four préchauffé à 180 °C (th. 6).

Mélangez le fromage blanc, les herbes ciselées, l'huile d'olive, l'échalote et l'ail hachés. Salez et poivrez.

Creusez légèrement le dessus des pommes de terre dans la longueur, garnissez-les de fromage blanc. Décorez de fines herbes.

Conseil : piquez les pommes de terre avec la pointe d'un couteau pour vérifier si elles sont bien cuites. Une autre sauce est possible en ajoutant au fromage blanc du roquefort.

Petits soufflés de pommes de terre au roquefort

Préparation : 10 minutes • Cuisson : 55 minutes • Difficulté : ★★ Budget : ★

Pour 4 personnes

- **500 g de pommes de terre (3 grosses)**
- **15 cl de crème fleurette**
- **4 œufs**
- **75 g de roquefort**
- **Beurre**
- **Sel et poivre**

Préchauffez le four à 180 °C (th. 6).

Épluchez les pommes de terre et découpez-les en gros quartiers. Faites-les cuire dans une casserole d'eau salée environ 25 minutes.

Séparer les blancs des jaunes d'œufs et montez les blancs en neige.

Passez les pommes de terre cuites au presse-purée et incorporez la crème liquide. La purée doit avoir une consistance assez épaisse.

Dans un saladier, mélangez les jaunes d'œufs et le roquefort émietté à la purée de pommes de terre. Incorporez délicatement les blancs en neige. Salez, poivrez.

Beurrez quatre ramequins et remplissez-les de la préparation à la purée.

Enfournez pour 30 minutes, puis dégustez immédiatement.

Conseil : ces petits soufflés sont parfaits pour accompagner une viande ou un poisson. De nombreuses variantes sont possibles : vous pouvez ajouter à la préparation de base 150 g de jambon détaillé en dés et 100 g d'emmenthal râpé, mais aussi pour une version plus chic, du saumon fumé haché.

Pizza de pommes de terre à la tapenade

Préparation : 20 minutes • Cuisson : 40 minutes • Repos : 30 minutes • Difficulté : ★ Budget : ★

Pour 6 personnes

Pour la pâte à pizza

- 300 g de farine
- 3 cuil. à soupe d'huile d'olive
- 10 g de levure de boulanger fraîche
- 1 cuil. à soupe d'origan séché
- 1 cuil. à café de sucre
- Sel

Pour la garniture

- 3 pommes de terre de taille moyenne
- 2 oignons
- 1 petite boîte de champignons de Paris émincés
- 1 boule de mozzarella
- 2 cuil. à soupe de tapenade d'olives noires
- 1 cuil. à soupe d'huile d'olive
- 2 cuil. à soupe d'origan séché

Préparez la pâte à pizza : mélangez la farine, l'huile d'olive, la levure préalablement délayée dans 20 cl d'eau tiède, le sucre, le sel et l'origan. Pétrissez en ajoutant au fur et à mesure de l'eau tiède jusqu'à ce que la pâte forme une boule compacte, sans trop coller. Laissez reposer ½ heure dans un saladier recouvert d'un torchon.

Préparez la garniture : faites cuire les pommes de terre à l'eau pendant environ 20 minutes, selon leur taille.

Dans une poêle, faites revenir à l'huile d'olive les oignons et les champignons émincés pendant une dizaine de minutes.

Une fois refroidies, coupez les pommes de terre en tranches.

Étalez finement la pâte à pizza et foncez un grand moule à tarte sans recouvrir les bords. Enduisez la surface de tapenade. Ajoutez une couche d'oignons et de champignons, puis recouvrez avec les rondelles de pommes de terre. Déposez par-dessus la mozzarella coupée en dés et parsemez d'origan.

Mettez à cuire au four préchauffé à 210 °C (th. 7) pendant 20 minutes.

Conseil : attention à la cuisson des pommes de terre : elle doit se faire à petits bouillonnements afin que les tranches ne se brisent au moment de les couper.

Pommes de terre farcies saumon-oseille

Préparation : 25 minutes • Cuisson : 55 minutes • Difficulté : ★ Budget : ★★

Pour 4 personnes

- **4 pommes de terre de taille moyenne**
- **1 oignon**
- **2 cuil. à soupe d'huile d'olive**
- **175 g d'oseille hachée**
- **1 filet de saumon frais**
- **5 cuil. à soupe de crème fraîche épaisse**
- **Sel et poivre**

Préchauffez le four à 180 °C (th. 6).

Faites cuire 45 minutes les pommes de terre au four dans une papillote de papier d'aluminium. Au terme de la cuisson, fendez-les sur un côté et creusez-les à l'aide d'une petite cuillère. Conservez la chair des pommes de terre récupérée, écrasez-la à l'aide d'une fourchette et mettez-la de côté.

Préparez la farce à l'oseille : faites cuire le filet de saumon 7 minutes à la vapeur.

Dans une poêle, faites revenir sur feu doux l'oignon émincé dans l'huile d'olive, durant 15 minutes. Ajoutez l'oseille. Faites-la fondre en la mélangeant avec l'oignon.

Ajoutez les pommes de terre écrasées. Incorporez la crème fraîche et le filet de saumon grossièrement émietté. Salez et poivrez.

Déposez les pommes de terre dans un plat à gratin. Garnissez-les de farce à l'oseille et au saumon. Passez-les 10 minutes au four à 180 °C (th. 6) pour les réchauffer, puis servez.

Conseil : la farce peut aussi être réalisée avec des épinards et toutes sortes de déclinaisons sont envisageables : jambon, emmenthal, champignons, raclette…

Potatoes

Préparation : 20 minutes • Cuisson : 30 minutes • Difficulté : ★ Budget : ★

Pour 4 personnes

- **6 pommes de terre nouvelles**
- **2 cuil. à soupe de farine**
- **4 cuil. à soupe d'huile d'olive**
- **1 gousse d'ail**
- **1 cuil. à soupe de persil déshydraté**
- **1 cuil. à soupe d'origan déshydraté**
- **½ cuil. à café de paprika**
- **½ cuil. à café de piment d'Espelette**
- **Sel et poivre**

Préchauffez votre four à 210 °C (th. 7).

Dans un saladier, mélangez l'huile, les herbes, les épices et la gousse d'ail pilée. Salez et poivrez.

Ajoutez les pommes de terre non pelées, lavées et coupées en quartiers. Mélangez afin de les enduire et de les imprégner du mélange. Ajoutez ensuite 2 cuil. à soupe de farine.

Disposez les quartiers de pommes de terre sur la plaque du four recouverte de papier sulfurisé et enfournez-les pour 30 minutes en les retournant à mi-cuisson.

Conseil : accompagnez ces véritables potatoes américaines de ketchup ou de mayonnaise, comme si vous étiez au fast-food !

Purée de pommes de terre à l'ail

Préparation : 20 minutes • Cuisson : 20 minutes • Difficulté : ★ Budget : ★

Pour 4 personnes

- **1 kg de pommes de terre**
- **5 gousses d'ail**
- **25 cl de crème liquide**
- **Sel et poivre**

Faites bouillir de l'eau salée dans une grande casserole.

Épluchez les gousses d'ail. Coupez-les en deux et enlevez leur germe.

Nettoyez les pommes de terre, épluchez-les et coupez-les en morceaux de taille égale. Plongez-les avec les demi-gousses d'ail dans l'eau bouillante durant 20 minutes environ.

Vérifiez la cuisson des pommes de terre à l'aide de la pointe d'un couteau.

Égouttez le tout et écrasez avec une fourchette ou un presse-purée. Incorporez la crème liquide en mélangeant. Salez et poivrez.

Conseil : pour colorer et donner du peps à cette purée, ajoutez en cours de cuisson des brocolis, des carottes ou des haricots verts.

Purple chips

Préparation : 10 minutes • Cuisson : 15 minutes • Difficulté : ★ Budget : ★

Pour 4 personnes

- **500 g de pommes de terre vitelotte**
- **1 bain d'huile de friture**
- **Sel**

Brossez et lavez les pommes de terre vitelotte.

À l'aide d'une mandoline ou d'un robot ménager, émincez les pommes de terre en fines lamelles, dans la largeur.

Rincez et séchez les lamelles en les épongeant dans un torchon.

Plongez-les dans un bain de friture pendant 8 à 10 minutes, puis égouttez.

Terminez en trempant les chips une seconde fois dans la friture, pendant 5 minutes environ. Égouttez, puis salez.

Conseil : le second passage dans le bain d'huile permet aux chips d'être croustillantes. Ces dernières, à la couleur surprenante, peuvent se déguster à l'heure de l'apéritif ou font office de décor, plantées dans une purée ou positionnées simplement au sommet d'une verrine.

Salade de pommes de terre aux poivrons grillés

Préparation : 20 minutes • Cuisson : 10 minutes • Repos : 20 minutes • Difficulté : ★ Budget : ★

Pour 4 personnes

- **2 poivrons rouges**
- **3 pommes de terre**
- **1 bouquet de basilic**
- **Une quinzaine d'olives vertes**
- **Huile d'olive**
- **Vinaigre balsamique**
- **½ cuil. à café de cumin en poudre**

Allumez le gril du four.

Lavez les poivrons et séchez-les. Coupez-les en quatre en prenant soin de retirer les pédoncules, les graines et la partie blanche à l'intérieur. Placez les quartiers de poivron, côté peau apparent, sur la plaque du four recouverte de papier sulfurisé. Enfournez une dizaine de minutes jusqu'à ce que la peau devienne noire et craquelle légèrement à la surface. Retirez les quartiers du four et enfermez-les 20 minutes environ dans un sachet en plastique (type sac congélation).

Faites cuire les pommes de terre à l'eau et coupez-les en gros cubes. Réservez et laissez refroidir.

Une fois les poivrons refroidis, ôtez leur peau et coupez-les en lanières. Mélangez avec une poignée de feuilles de basilic ciselées. Réservez quelques feuilles entières pour la décoration.

Présentez poivrons et pommes de terre dans un saladier. Ajoutez les olives vertes.

Arrosez, sans mélanger, avec un assaisonnement composé d'huile d'olive, de vinaigre balsamique et de cumin. Décorez avec les feuilles de basilic réservées.

Conseil : faites attention de ne pas trop mettre d'huile : les poivrons cuits de cette façon rendent un jus épais et abondant.

Soupe poireaux-pommes de terre

Préparation : 10 minutes • Cuisson : 1 h 10 • Difficulté : ★ Budget : ★

Pour 4 personnes

- **500 g de pommes de terre**
- **3 poireaux**
- **2 oignons**
- **2 cuil. à soupe d'huile d'olive**
- **1 bouillon de légumes**
- **Sel et poivre du moulin**

Nettoyez les poireaux et coupez-les en rondelles. Épluchez les pommes de terre et coupez-les en cubes.

Pelez et émincez les oignons et faites-les revenir dans une cocotte sur feu doux dans l'huile d'olive. Ajoutez les rondelles de poireau et les cubes de pomme de terre. Mélangez et faites revenir ces légumes durant 10 minutes environ sur feu doux.

Ajoutez 1,5 l d'eau et le cube de bouillon émietté, puis laissez cuire pendant 1 heure environ.

Mixez le tout. Salez et poivrez.

Conseil : avant de mixer la soupe, réservez quelques lamelles de poireau pour la décoration. Vous pouvez également remplacer les poireaux par des courgettes, des brocolis ou des haricots verts.

Tajine de pommes de terre aux olives

Préparation : 15 minutes • Cuisson : 40 minutes • Difficulté : ★ Budget : ★

Pour 6 personnes

- 850 g de pommes de terre
- 2 navets
- 2 petites courgettes
- 2 tomates
- 3 oignons
- 3 gousses d'ail
- 100 g de grosses olives vertes
- 2 cuil. à soupe d'huile d'olive
- 15 cl de bouillon de légumes
- Persil
- 1 cuil. à soupe de ras el hanout
- 1 dosette de safran
- Sel et poivre

Ébouillantez les tomates. Pelez-les, épépinez-les et concassez-les. Pelez les pommes de terre et les navets, puis coupez-les en cubes. Ciselez du persil et hachez l'ail et les oignons.

Dans un plat à tajine ou une cocotte, faites revenir les oignons hachés avec l'huile d'olive. Ajoutez les cubes de pomme de terre et de navet, les tomates concassées, le persil ciselé, le safran, le ras el hanout, l'ail haché, les olives et le bouillon de légumes. Salez légèrement et poivrez. Couvrez et laissez cuire pendant 20 minutes environ.

Ajoutez les courgettes coupées en tronçons. Poursuivez la cuisson 20 minutes supplémentaires. Servez chaud.

Conseil : ce tajine végétarien est l'accompagnement idéal de brochettes de poulet ou d'agneau rôti.

Tartiflette

Préparation : 25 minutes • Cuisson : 35 minutes • Difficulté : ★ Budget : ★

Pour 4 personnes

- **1 kg de pommes de terre**
- **1 reblochon**
- **1 cuil. à soupe d'huile**
- **150 g de lardons**
- **3 oignons**
- **10 cl de crème liquide**
- **1 noix de beurre**
- **Sel et poivre**

Préchauffez le four à 210 °C (th. 7).

Dans une casserole d'eau salée, faites cuire les pommes de terre pendant 15 minutes environ. Vérifiez la cuisson des pommes de terre : la lame d'un couteau doit s'y enfoncer facilement. Laissez tiédir, puis coupez-les en lamelles.

Pelez et émincez les oignons. Faites-les suer avec l'huile dans une poêle. Ajoutez les lardons et faites revenir le mélange une dizaine de minutes.

Beurrez un plat à gratin. Déposez une couche de pommes de terre. Ajoutez le mélange aux lardons et aux oignons. Poivrez.

Versez la crème fraîche et recouvrez de reblochon coupé en tranches.

Enfournez une dizaine de minutes.

Conseil : attention de ne pas trop faire cuire la tartiflette : le reblochon doit être à peine doré et coulant.

Terrine de pommes de terre au saint-marcellin

Préparation : 15 minutes • Cuisson : 40 minutes • Difficulté : ★ Budget : ★

Pour 6 personnes

- **600 g de pommes de terre**
- **1 fromage saint-marcellin**
- **4 tranches de bacon**
- **3 oignons**
- **6 cuil. à soupe de crème fraîche**
- **1 cuil. à soupe d'huile**
- **3 œufs**
- **Muscade râpée**
- **Sel et poivre**

Tapissez une terrine de papier sulfurisé.

Lavez et coupez les pommes de terre en tranches de 8 mm d'épaisseur. Faites bouillir de l'eau salée : plongez les tranches de pommes de terre, baissez légèrement le feu et laissez cuire 10 à 12 minutes.

Faites fondre 10 minutes les oignons émincés finement dans l'huile. Laissez refroidir.

Battez les œufs avec la crème. Ajoutez 2 pincées de muscade. Salez, poivrez, puis incorporez la fondue d'oignons.

Préchauffez le four à 210 °C (th. 7).

Montez la terrine en couches alternées de pommes de terre, d'un peu de préparation crème fraîche-oignons, de deux tranches de bacon et de saint-marcellin coupé en lamelles. Terminez par une couche de pommes de terre et le reste de préparation à l'oignon.

Enfournez pour 30 minutes environ. Le liquide doit être totalement absorbé et le dessus de la terrine parfaitement doré.

Conseil : variez les plaisirs en associant la pomme de terre à d'autres combinaisons : jambon cru-raclette, champignons-roquefort, saumon-chèvre frais…

Tortilla de patates au poivron

Préparation : 25 minutes • Cuisson : 50 minutes • Difficulté : ★ Budget : ★

Pour 4 personnes

- **3 pommes de terre de taille moyenne**
- **3 oignons**
- **2 gousses d'ail**
- **1 poivron rouge**
- **8 œufs**
- **2 cuil. à soupe d'huile d'olive**
- **1 pincée de piment d'Espelette**
- **Sel et poivre**

Pelez et émincez les oignons. Détaillez le poivron en petits dés et hachez les gousses d'ail. Faites fondre le tout sur feu doux dans une casserole, avec 1 cuil. à soupe d'huile d'olive.

Pelez les pommes de terre et faites-les bouillir dans de l'eau salée pendant 30 minutes, jusqu'à ce que la pointe d'un couteau les transperce facilement. Laissez tiédir, puis coupez-les en cubes.

Préchauffez le four à 210 °C (th. 7).

Cassez et battez les œufs dans un saladier. Poivrez et salez.

Ajoutez la fondue d'oignons et de poivron ainsi que les pommes de terre. Mélangez et versez dans un plat à gratin rectangulaire enduit de 1 cuil. à soupe d'huile d'olive. Saupoudrez de piment d'Espelette.

Glissez au four et laissez cuire 20 minutes environ : la tortilla doit être bien dorée.

Conseil : cette tortilla peut aussi se réaliser à la poêle (cuisson : 15 minutes de chaque côté). Mais le fait de la cuire dans un plat à gratin rectangulaire facilite sa découpe en petits cubes.

Tourte de pommes de terre aux cèpes

Préparation : 25 minutes • Cuisson : 1 h 30 • Difficulté : ★★ Budget : ★★

Pour 4 personnes

- 2 disques de pâte feuilletée
- 1 kg de pommes de terre
- 3 échalotes
- 3 oignons
- 2 gousses d'ail
- 2 cuil. à soupe de persil haché
- 250 g de cèpes
- 2 cuil. à soupe d'huile d'olive
- 3 cuil. à soupe de crème fraîche
- 1 jaune d'œuf
- Sel et poivre

Préchauffez le four à 210 °C (th. 7).

Garnissez un moule à bords hauts d'un disque de pâte feuilletée. Laissez dépasser 1 à 2 cm de pâte autour du moule. Servez-vous de la base du moule pour découper le couvercle avec le deuxième disque de pâte.

Épluchez les pommes de terre. Lavez-les, essuyez-les et coupez-les en fines lamelles.

Dans une sauteuse, faites fondre dans 1 cuil. à soupe d'huile d'olive, les oignons et les échalotes sur feu doux. Faites revenir dans une casserole, avec l'autre cuillère à soupe d'huile d'olive, les cèpes, l'ail haché et le persil.

Disposez au fond du moule une couche de pommes de terre. Salez et poivrez. Étalez la fondue d'échalotes et d'oignons. Ajoutez les cèpes. Versez la crème fraîche et recouvrez d'une dernière couche de pommes de terre. Salez et poivrez.

Recouvrez la surface avec le couvercle de pâte. Repliez, tout autour de la tourte, le bord inférieur de la pâte. Appuyez avec une fourchette pour souder les bords, tout en laissant de jolies empreintes.

Faites un trou au centre de la tourte. Maintenez-le ouvert à l'aide d'un papier sulfurisé enroulé. Dorez la tourte au jaune d'œuf battu.

Enfournez à four chaud (210 °C - th. 7), 15 à 20 minutes, puis poursuivez la cuisson à four moyen (180 °C - th. 6) pendant 1 heure.

Conseil : vous pouvez remplacer les cèpes par des champignons de Paris et ajouter, entre deux couches, 150 g de roquefort émietté.

REMERCIEMENTS

Je remercie Sophie et Sandrine, à l'origine de ce projet et sans lesquelles cette aventure n'aurait pu voir le jour.
Je remercie également Véronique Blot pour la confiance qu'elle m'a accordée.
Merci à Bruno, Jules et Virgile, ma petite équipe de goûteurs.

PRÉSENTATION DE L'AUTEUR

Annabel Padilla exerce le métier de graphiste dans la région grenobloise et met à profit sa passion pour la cuisine et la photographie à travers son blog, « Les miam miam d'Annabel » (http://annabel.canalblog.com/), créé depuis 2006. Elle dévoile ainsi à son public d'internautes ses plus belles recettes, tantôt simples, tantôt chic, mais toujours à la portée de tous.